백두에서 한라까지 우리나라 지도 여행

조지욱 지음 신지수 그림

사□계절

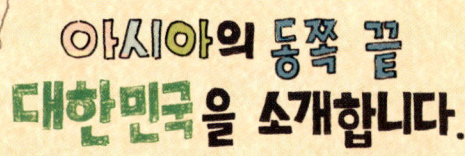

아시아의 동쪽 끝 대한민국을 소개합니다.

겨레의 반쪽 북부 지방 · 6

침묵의 땅 비무장 지대 · 8

강원도·경기도·충청도 중부 지방 · 10

대한민국 수도 서울 · 12

서울을 여는 문 인천광역시 · 14

과학과 교통의 중심지 대전광역시 · 15

전라도·경상도 남부 지방 · 16

밀라노를 꿈꾸는 대구광역시 · 18

무역을 이끄는 울산광역시 · 19

세계의 바다를 여는 부산광역시 · 20

민주화를 이끈 광주광역시 · 21

우리 땅 우리 자연 산, 강, 그리고 평야 · 22

갯벌과 모래사장이 펼쳐진 바다와 해안 · 24

별만큼 많은 섬, 섬, 섬 · 26

까치 까치 설날, 보름 보름 추석 · 28

아름다운 사계절 봄, 여름, 가을, 겨울 · 30

우리나라의 뿌리, 시골 · 32

부족한 자원, 풍족한 자원 · 34

다양하고 풍성한 먹거리 · 36

헉헉 찝찝, 환경 오염 · 38

점점점 늘어나는 외국인 · 40

빠름! 빠름! 교통과 통신 · 42

북적북적 인구 · 44

다른 땅, 우리나라 사람 · 46

이러쿵 저러쿵 사회 문제 · 48

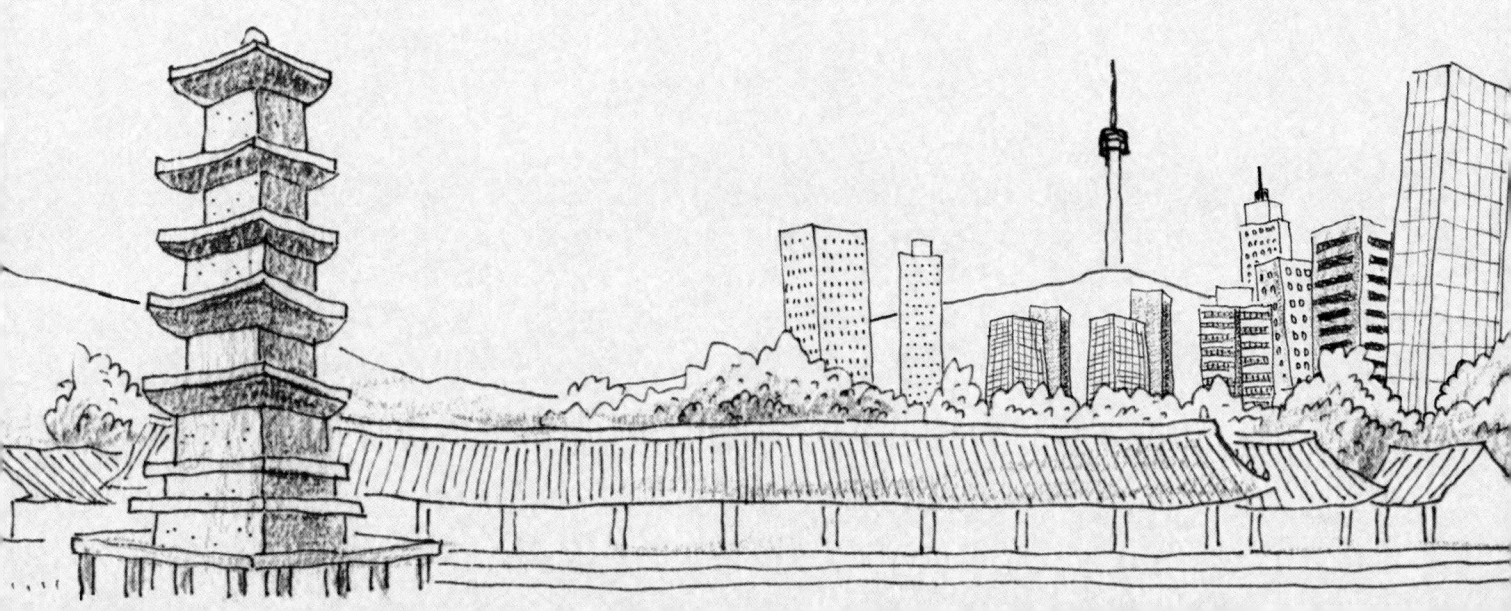

국명: 대한민국

위치: 북반구 중위도, 유라시아 대륙 동쪽 끝

면적: 북한 약 12만 제곱킬로미터(㎢), 남한 약 10만 제곱킬로미터

수도: 서울(북위 37도, 동경 126도)

인구: 약 5100만 명(2015년 3월 기준)

인구 밀도: 약 503명/제곱킬로미터, 세계 20위(2012년 기준)

국내 총생산(GDP): 약 1조 4500억 달러, 세계 13위(2014년 기준)

1인당 국내 총생산: 약 2만 8800달러, 세계 29위(2014년 기준)

표어: 홍익인간(널리 인간을 이롭게 한다)

국기: 태극기

국가: 애국가

국화: 무궁화

통화: 원(Won, ₩)

국제 전화: +82(국가 번호)

인터넷 도메인: .kr, 한국

홈페이지: WWW.KOREA.GO.KR

겨레의 반쪽 북부 지방

북부 지방은 북한 지역을 가리켜요. 이곳은 높은 산이 많고 겨울이 춥고 길어서 농사를 짓기에 불리해요. 그래도 북극만큼 춥지는 않으니 걱정 말아요. 대신 석탄이나 철 같은 자원이 많아서 공업이 일찍 발달했어요. 하지만 지금은 식량과 전기가 부족해 주민들이 어려움을 겪고 있어요. 이제 북한도 여러 지역에 경제 지구를 만들어 경제 발전에 힘을 쏟고 있지요.

- 면적: 약 456제곱킬로미터
- 인구: 약 251만 명
- 인구 밀도: 약 387명/제곱킬로미터

평양직할시
북한 제1의 도시로 정치, 경제 중심지이다. 평양은 왕검성, 서경, 유경 등으로 불렸던 수천 년 된 도시이다.

- 총 48층인, 북한에서 가장 크고 화려한 호텔이야.
- 북한에서 유일한 국제공항.
- 105층짜리 거대한 호텔이지만, 아직 다 짓지 못했어.
- 15만 명이 들어갈 수 있는 세계 3위 규모.
- 김책 공업 종합 대학은 공학 분야에서, 이과 대학은 기초 과학 분야에서 최고!
- 1000명의 산모가 한꺼번에 머물 수 있는 종합 산부인과 병원.
- 북한에서 가장 큰 도서관.
- 언제 다 내려갈까?
- 100~120미터 깊이라고.
- 고구려의 시조 동명성왕이 잠든 곳!
- 휴, 이제야 도착했네.

순안, 평양 순안 국제공항, 룡성, 삼석, 강동군, 대성, 양각도 국제호텔, 대동강, 유경 호텔, 김책 공업 종합 대학, 천리마선, 평양, 혁신선, 사동, 평양 지하철, 만경대, 만경대선, 평양 산원, 럭포, 인민 대학습당, 동명왕릉, 낙랑, 5월 1일 경기장

북한의 지하철
깊이가 지하 100미터 이상 된다. 전쟁 시 시민들의 대피를 위해 깊이 팠다.

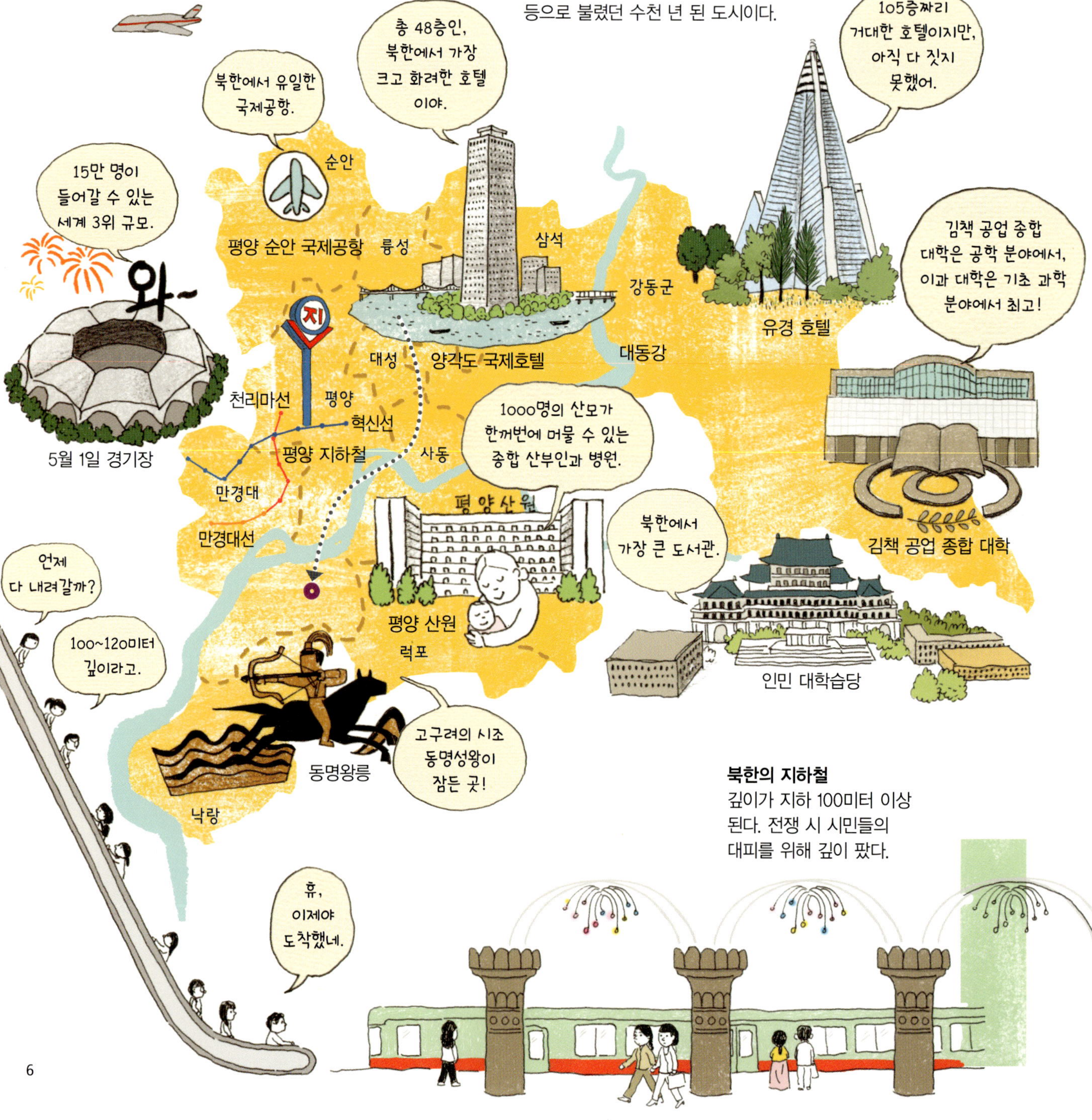

침묵의 땅 비무장 지대

우리나라에는 특별한 땅이 있어요. 사람들이 마음대로 드나들 수 없는 곳이에요. 무서운 동물 때문일까요? 아니에요. 무서운 전쟁 때문이에요. 1950년에 남한과 북한이 전쟁을 했고, 이 땅을 사이에 두고 휴전 협정을 했어요. 이 땅은 총으로 무장한 군대가 없는 '비무장 지대(DMZ)'예요. 사람이 없는 비무장 지대는 동물과 식물의 낙원이에요. 어쩌면 호랑이가 있을지도 몰라요. 누구나 마음대로 비무장 지대에 들어가려면 통일이 되어야 해요. 남북한이 언제쯤 통일이 될까요?

- 면적: 약 907제곱킬로미터
- 길이: 서쪽에서 동쪽으로 248킬로미터

비무장 지대는 남북 양쪽을 기준으로 대략 2킬로미터를 사이에 두고 만들어졌어.

비무장 지대는 오랫동안 사람의 발길이 닿지 않아 자연 생태계가 보존되어 있어.

하루빨리 통일이 되면 좋겠어.

산양은 천연기념물이야.

통일소
현대 그룹 정주영 회장이 고향에 대한 그리움과 통일의 염원을 담아 소 500마리를 끌고 판문점을 넘어 북한으로 갔다.

제발 다시는 전쟁이 일어나지 않기를…….

북방 한계선
2킬로미터
군사 분계선
2킬로미터
남방 한계선

경의선
원래 서울과 신의주를 잇는 철도였으나, 분단 이후 군사 분계선 이남까지만 경의선이라 부른다. 남한의 최북단 마지막 역은 도라산역이다.

이산가족
이산가족이 고령화되면서 2015년 말이 되면 살아 있는 남한의 이산가족이 절반도 안 될 것으로 예상하고 있다. 남한의 이산가족은 현재 약 13만 명에 이른다.

못 보고 죽는 줄 알았어.

60년 만이야.

6·15 남북 공동 선언
2000년 6월, 김대중 대통령이 북한의 김정일 위원장을 만나 정상 회담을 갖고 '6·15 남북 공동 선언문'을 공식 발표했다.

비무장 지대
영어로 DMZ(demilitarized zone)라고 한다. 분쟁 지역에서 양쪽의 충돌을 막기 위해 일정한 공간을 비무장 지대로 만든 곳인데, 우리나라의 비무장 지대에는 많은 지뢰가 묻혀 있다.

판문점
1953년 휴전 협정이 맺어진 곳이다. 판문점 안 공동경비구역은 남한, 북한 어느 쪽의 행정 관할권도 미치지 않는 특수한 곳이다.

군사 분계선
2007년 노무현 대통령 부부가 분단 이후 처음으로 군사 분계선을 걸어서 통과했다.

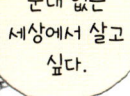

군대 없는 세상에서 살고 싶다.

임진각
북쪽으로 뻗은 통일로가 끝나는 곳이다. 전쟁으로 고향을 잃어버린 사람들이 명절에 이곳 망배단에서 차례를 지내기도 한다.

DMZ 국제 다큐 영화제
2009년부터 경기도 주최로 매년 파주에서 다큐멘터리 영화제가 열리고 있다.

강원도·경기도·충청도 중부 지방

중부 지방은 이름처럼 한반도 가운데에 자리하고 있어요. 수도권, 강원도, 충청도가 보이나요? 잘 보세요. 수도 서울도 있죠. 수도권에는 직장은 서울이고 집은 경기도나 인천에 있거나 직장은 경기도나 인천이고 집은 서울에 있는 사람들이 많아요. 강원도는 아름다운 산과 바다가 어우러진 곳이라 1년 내내 관광객이 끊이질 않죠. 산에서는 소, 양 목장을 하거나 운동장보다 넓은 밭에서 배추, 무를 키워요. 충청도는 산과 들이 낮고 평평해 농사짓기 좋아요. 무엇보다 충청도는 수도권과 붙어 있어서 갈수록 중요해지고 있어요.

세종특별자치시
- 면적: 약 465제곱킬로미터
- 인구: 약 18만 명
- 인구 밀도: 약 387명/제곱킬로미터

세종특별자치시
우리나라 17번째 광역 자치 단체로, 군·구가 없는 유일한 광역 자치 단체이기도 하다. 행정 중심 복합 도시로 2012년에 출범했다. 면적은 약 465제곱킬로미터로, 서울 면적의 약 77퍼센트 정도이다.

연기 대첩비는 1291년 고려에 쳐들어온 원나라의 반란군을 크게 무찌른 일을 기념한 비.

세종 대왕에게 충신 표창을 받은, 고려 말의 충신 임난수를 기리는 곳이야.

빠르게 변하는 세종시의 모습과 공주, 조치원 등까지 한 번에 볼 수 있는 곳!

16개 중앙 부처와 소속 기관 공무원 1만 3000명이 근무하게 될 곳이야.

해마다 200여 종, 30만 마리가 넘는 철새가 찾아오는 곳이야.

수원 화성
소정면
운주산성
전의면
전동면
조치원읍
밀마루 전망대
연서면
연기면
부강면
연동면
장군면
한솔동
정부 세종 청사
한솔동
독락정
금남면
천수만 철새
할미 바위
할아비 바위
꽃지 해수욕장

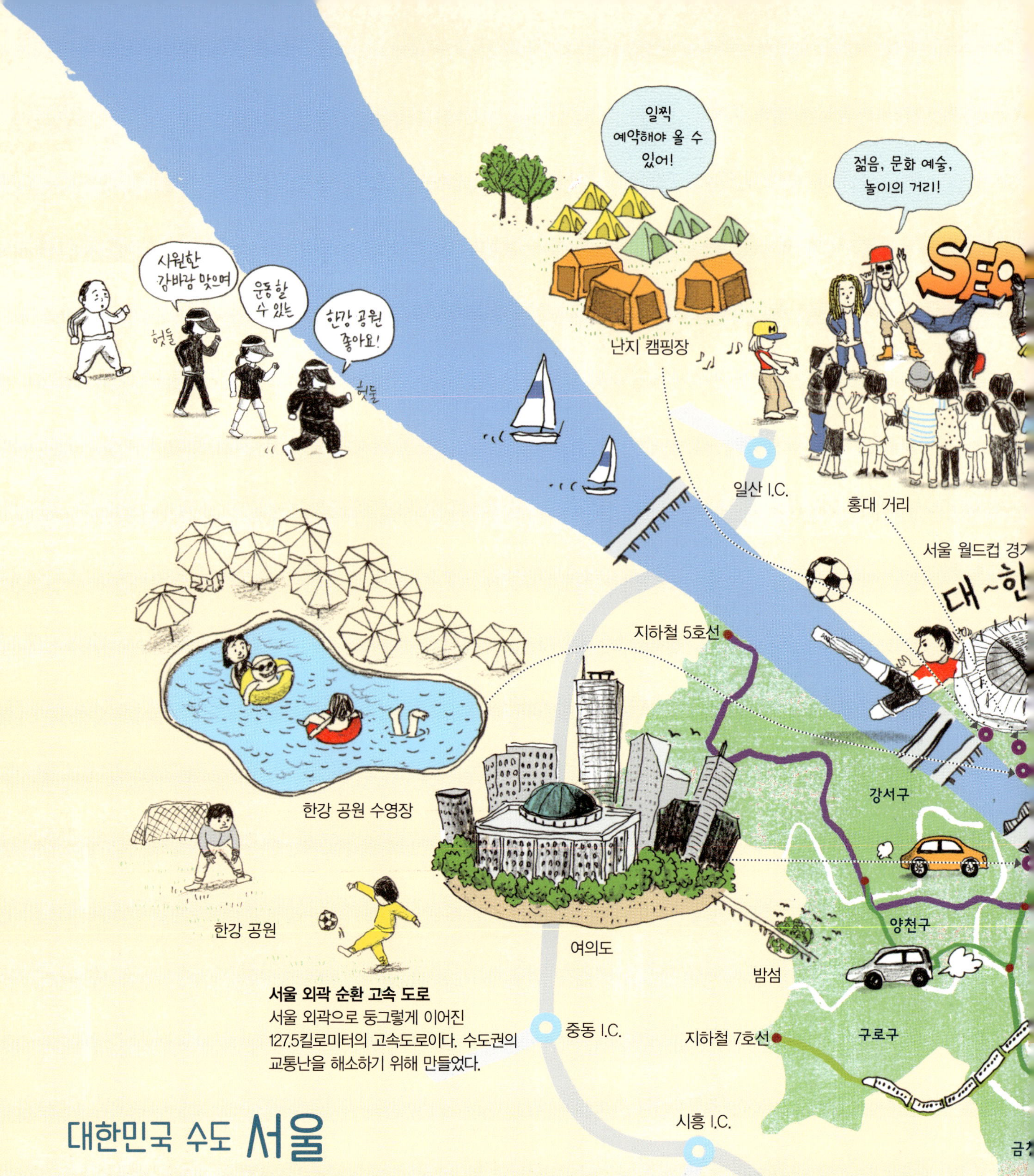

대한민국 수도 서울

조선의 수도 한양(1392년)이 지금의 서울이에요. 한양은 산으로 둘러싸여 있어서 외적을 막기에 유리했고, 국토 중간에 위치해 있어서 나라 전체를 다스리기 편리했어요. 오늘날 서울은 대한민국의 수도로, 국민 대표들이 모인 국회 의사당과 대통령이 사는 청와대가 있어요. 우리나라가 내 몸 전체라면 서울은 그중 손바닥(남한의 0.6퍼센트)만 한 곳이에요. 정말 좁죠. 하지만 수도로 600살이나 먹은 서울에는 국보나 보물이 많고, 중요한 행사가 가장 많이 열리죠!

서울 외곽 순환 고속 도로
서울 외곽으로 둥그렇게 이어진 127.5킬로미터의 고속도로이다. 수도권의 교통난을 해소하기 위해 만들었다.

* 면적: 약 605제곱킬로미터
* 인구: 약 1020만 명
* 인구 밀도: 약 1만 6860명/제곱킬로미터

서울을 여는 문 인천광역시

인천은 예부터 '두루미(학)'가 자주 찾기로 유명한 도시예요. 그래서 문학동, 청학동, 선학동처럼 '학' 자가 붙은 마을 이름이 많아요. 인천은 '미추홀'로 불리다 조선 때 인천이 되었어요. 낮은 산과 들이 많고, 바다와 만나죠. 인천은 130년 전 큰 배가 들어오는 항구 도시로 시작해 부산과 함께 2대 항구 도시로 컸어요. 또 우리나라 최대의 인천 국제공항이 있어 서울로 들어가는 대문 역할을 하죠. 앞으로 인천은 중국, 북한, 서울, 경기도와 가깝다는 지리적 장점을 살려 동부아시아의 경제 중심으로 성장할 거예요.

*면적: 약 1002제곱킬로미터
*인구: 약 286만 명
*인구밀도: 약 2854명/제곱킬로미터

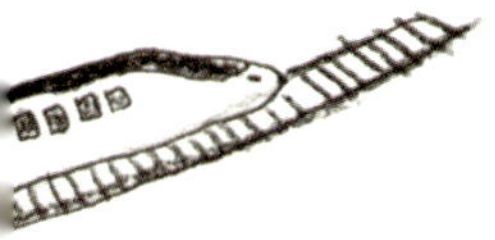

인천 지도 설명

인천 경제 자유 구역
2003년 지정된 우리나라 최초의 경제 자유 구역이다. 인천 경제 자유 구역(IFEZ)은 송도, 청라, 영종, 이렇게 세 구역으로 이루어져 있으며 이곳에서는 투자와 외국인 거주가 자유롭다.

- 나, 심청이 빠진 인당수가 바로 이 백령도 앞바다야.
- 여기 우도는 군사 목적 섬이라 일반 사람은 못 들어와.
- 백두산과 한라산 중간쯤에 마니산이 위치해. 여기에서 하늘에 제사를 지내지.
- 경상도로 간데이.
- 전라도로 간당께.

교동도, 석모도, 보문사, 강화군, 마니산 참성단, 전등사, 연평도, 우도, 인천 국제공항, 인천 해양 축제, 을왕 해수욕장, 영종 지구, 영종 대교, 인천 대교, 인천 차이나타운, 인천 아시안 게임 주 경기장, 서구, 계양구, 부평구, 동구, 중구, 남구, 남동구, 연수구, 인천 남동 공업 단지, 영종, 청라, 송도

과학과 교통의 중심지 대전광역시

대전은 '한밭', 그러니까 '큰 밭', '넓은 들'이란 뜻이죠. 100여 년 전 서울과 부산을 잇는 철도가 생기면서 대전은 우리나라 교통의 중심이 되었고, 지금은 충청도에서 가장 큰 도시예요. 1993년에 대전 세계 박람회(엑스포)를 개최하면서 과학 도시로 유명해지기 시작했어요. 우리나라 최대 과학 연구 단지도 이곳에 있어요. 대전은 과학 기술로써 우리나라와 세계의 발전과 평화를 이룰 거예요. 이제 우리나라도 달나라에 우주선을, 화성에 인공위성을 쏘아 올릴 거예요.

* 면적: 약 539제곱킬로미터
* 인구: 약 150만 명
* 인구 밀도: 약 2781명/제곱킬로미터

전라도·경상도 남부 지방

남부 지방은 한반도의 남쪽을 가리켜요. 평야가 많은 전라도와 면적이 가장 넓은 경상도가 보이나요? 전라도는 농사지을 땅이 많아 우리나라 최대의 곡식 창고로 불리는데, 최근에는 공업과 관광 산업이 발달 중이에요. 수도권 다음으로 인구가 많은 경상도는 1960년대 이후 공업이 발달했어요. 우리나라를 대표하는 철강, 배, 비행기 공장들이 있지요. 지도를 거꾸로 보면 남부 지방은 바다로 열려 있죠. 그래서 옛날부터 일본, 중국을 오가며 회의도 하고 무역도 했어요. 앞으로도 남부 지방이 우리나라의 세계 진출을 책임질 거예요.

* 면적: 약 5만 4911제곱킬로미터
* 인구: 약 1832만 명
* 인구 밀도: 약 332명/제곱킬로미터

호남평야
전라북도 면적의 3분의 1을 차지하며, 우리나라에서 가장 큰 평야이다. 또한 우리나라에서 유일하게 지평선을 볼 수 있는 땅이다.

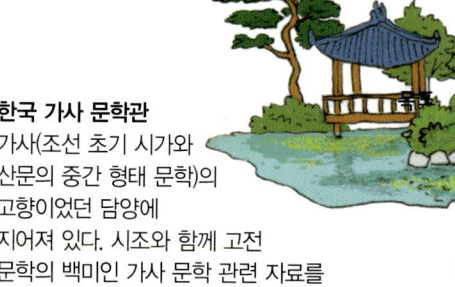

한국 가사 문학관
가사(조선 초기 시가와 산문의 중간 형태 문학)의 고향이었던 담양에 지어져 있다. 시조와 함께 고전 문학의 백미인 가사 문학 관련 자료를 수집, 보존하고 있다.

진도 바닷길

밀라노를 꿈꾸는 대구광역시

대구는 '달구벌'이라 불려요. 옛 이름 달구벌에서 '달구'는 '넓은 곳', '벌'은 '들'을 뜻해요. 대구로 처음 불린 것은 신라 때이고, 지금은 경상북도 최대의 도시로 발전했어요. 대구는 '사과'로 유명했지만 이젠 '패션 도시'로 기억해 주세요. 우리나라에서 가장 멋진 옷을 만드는 도시이거든요. 세계에서 패션 도시하면 이탈리아 밀라노가 유명하죠. 하지만 머지않아 대구가 밀라노와 어깨를 나란히 하는 친구가 될 거예요.

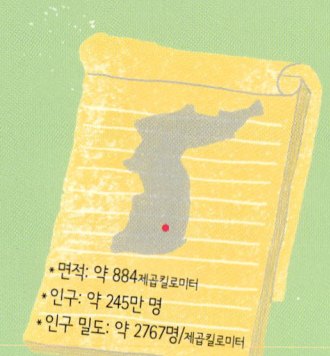

- 면적: 약 884제곱킬로미터
- 인구: 약 245만 명
- 인구 밀도: 약 2767명/제곱킬로미터

세계의 바다를 여는 부산광역시

부산은 우리나라 제2도시이자 제1의 항구 도시예요. 항구를 이용한 무역과 신발, 옷, 기계 공업이 발달한 남동 임해 공업 지역의 중심지이지요. 부산은 세계로 나가는 항구, 서울로 이어지는 철도와 도로를 바탕으로 발전했어요. 부산은 바다로 떠오르는 둥근 해, 출렁이는 파도를 이용한 '해맞이 축제'와 '국제 영화제'가 열리는 문화 도시이기도 해요. 앞으로 북극해로 바닷길이 열리면 세계 도시로 클 거예요.

- 면적: 약 766제곱킬로미터
- 인구: 약 341만 명
- 인구 밀도: 약 4457명/제곱킬로미터

민주화를 이끈 광주광역시

광주에서 '광(光)'은 '빛'을 뜻해요. 광주라고 처음 불린 건 고려 때예요. 지금은 전라도 최대의 도시로 발전했어요. 광주는 자동차 산업, 에너지 산업뿐 아니라 문화 산업도 발전하는 예술의 도시예요. 한편 광주는 자존심이 빛나는 도시이기도 해요. 광주 학생 항일 운동(1929년)과 5·18 민주화 운동(1980년)이 벌어졌거든요. 우리나라를 되찾기 위해, 우리 국민의 권리를 지키기 위해 용기로 싸웠던 사람들의 도시이지요. 그중 5·18 민주화 운동 기록은 유네스코 세계 기록 유산이 되었어요. 역시 빛 고을이에요.

- 면적: 약 501제곱킬로미터
- 인구: 약 148만 명
- 인구 밀도: 약 2944명/제곱킬로미터

우리 땅 우리 자연 산, 강, 그리고 평야

우리나라에는 산이 많은데, 특히 낮은 산이 많아요. 높은 산은 북쪽과 동쪽 지방에 주로 있어요. 또 산골짜기마다 계곡이 흘러 강을 이루고, 여러 강이 모여 다시 큰 강이 되죠. 우리나라의 큰 강은 대부분 황해로 흐르는데, 서쪽이 낮고 평야가 많기 때문이에요. 산과 강은 동물과 식물의 집이 되고, 아름다운 관광지가 되고, 마을과 마을의 경계도 되죠.

두만강(521km)
백두산(2750m)
압록강(790Km)
관모봉(2540m)
금강산(1638m)
한강(494km)
설악산(1707m)
금강(394km) 낙동강(510km)
지리산(1915m)
한라산(1947m)
섬진강(222km)

"끝이 안 보여."

압록강
우리나라에서 가장 긴 강으로, 압록강을 횡단하는 철도는 3개 선이 있다.

금강
남한에서 낙동강, 한강 다음으로 길다. 백제 시대에는 지금의 한강처럼 이 강이 한반도의 심장부였다.

금강산은 계절에 따라 부르는 이름이 각각 달라. 금강(봄), 봉래(여름), 풍악(가을), 개골(겨울)이야.

설악산은 '악' 자가 들어가는 험한 산이야!

지리산은 우리나라 사람들이 어머니로 여기는 산으로, 국립 공원 1호지. 반달가슴곰이 살아.

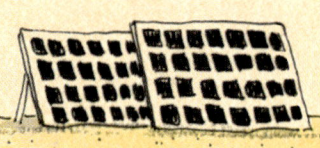

남해
1년 내내 바닷물이 따뜻해서 고기가 안정적으로 많이 잡힌다. 또 김 양식, 굴이나 전복 양식 등 양식 산업이 많이 발달했다. 그야말로 양식업과 수산업이 발달한 곳이다. 또한 남해의 해안선은 매우 복잡하고, '다도해'라 불릴 만큼 섬이 많다. 이 섬과 해안이 무척 아름다워 한려 해상 국립 공원으로 지정하여 많은 관광객을 맞이하고 있다.

갯벌과 모래사장이 펼쳐진 바다와 해안

동해는 63빌딩 7개를 겹쳐 세워 놓은 것만큼 깊지만 황해(서해)와 남해의 깊이는 63빌딩 1개 깊이도 안 돼요. 바다에는 명태, 고등어, 멸치 등의 물고기와 고기잡이 어선, 컨테이너 무역선이 있어요. 김, 전복, 물고기 양식장과 염전도 있고요. 부드러운 모래사장이 길게 뻗은 동해안은 해수욕장으로, 황해안과 남해안은 갯벌로 인기가 좋아요. 갯벌은 바다를 깨끗이 해 주는 청소부이자 조개, 게, 낙지의 보금자리예요.

황해
가장 깊은 곳이 80미터밖에 안 되는 얕은 바다. 겨울에는 겨울바람 때문에 물이 너무 차가워서 고기들이 다 도망가 버린다. 대신 해안에는 갯벌이 엄청 발달했다. 황해 갯벌은 세계 5대 갯벌 지역이고, 우리나라 전체 갯벌의 80퍼센트를 차지한다. 조개, 게, 낙지 등 무수히 많은 생명이 사는 갯벌은 우리 몸의 콩팥처럼 오염 물질을 깨끗이 청소해 준다.

전복 양식

쌍끌이 어선

오징어잡이 배

울릉도

독도

동해
아주 깊은 바다이다. 북쪽에서 내려오는 찬 바닷물과 남쪽에서 올라오는 따뜻한 바닷물이 동해에서 만난다. 찬 바닷물에는 명태, 대구, 청어가, 따뜻한 바닷물에는 오징어, 멸치, 고등어가 많이 산다. 또한 해안선이 국수 가락처럼 쭉 뻗어 단조로운 편이고 고운 모래 사장이 길게 뻗어 있어 모래 놀이 하기에 좋다.

별만큼 많은 섬, 섬, 섬

우리나라에는 3400여 개의 섬이 있고, 그중 3개는 우리 땅 동쪽, 서쪽, 남쪽 끝에 있어요. 제주도나 울릉도처럼 화산 폭발로 생긴 섬도 있지만 백령도나 진도처럼 바닷물이 높아져 생겨난 섬이 대부분이죠. 섬에 살면 서울, 부산 같은 큰 도시로 이동하기 불편해요. 그래서 많은 사람들이 섬에서 나와 도시로 이주하기도 하죠. 사람이 적어 많은 섬이 지금까지 깨끗한 건지도 몰라요.

- 면적: 약 1848제곱킬로미터
- 인구: 약 53만 명
- 인구 밀도: 약 287명/제곱킬로미터

제주도
한반도 남쪽에 있는, 우리나라에서 가장 큰 섬. 유네스코에 등재된 성산 일출봉, 거문오름 용암 동굴계, 한라산 천연 보호구역 외에도 갖가지 문화, 역사, 관광 자원이 많아 세계가 주목하는 아름다운 섬이다.

- 비자나무가 2500그루 넘게 모여 있어! — 제주 평대리 비자나무 숲
- 바다만큼 숲도 아름다운 제주! — 제주 절물 자연 휴양림
- 제주 국제공항
- 한라봉
- 큰 화산 옆에 붙어서 생긴 작은 화산. 제주도에 약 360개가 있어. — 거문오름, 오름
- 우도와 땅콩
- 제주 경마 공원
- 제주 4·3 평화 기념관
- 백록담
- 제주 산굼부리
- 마을을 잇는 걷기 좋은 길을 선정해 올레 코스를 만들었어. — 올레길
- 돌하르방
- 감귤
- 천제연 폭포
- 이중섭 미술관
- 한라산
- 바람이 세서 그물, 지붕, 돌담이 필요해! — 성읍 민속 마을
- 성산 일출봉
- 버스를 타고 제주도를 한 바퀴 돌 수도 있어.
- 혼저옵서예
- 제주 해녀 축제

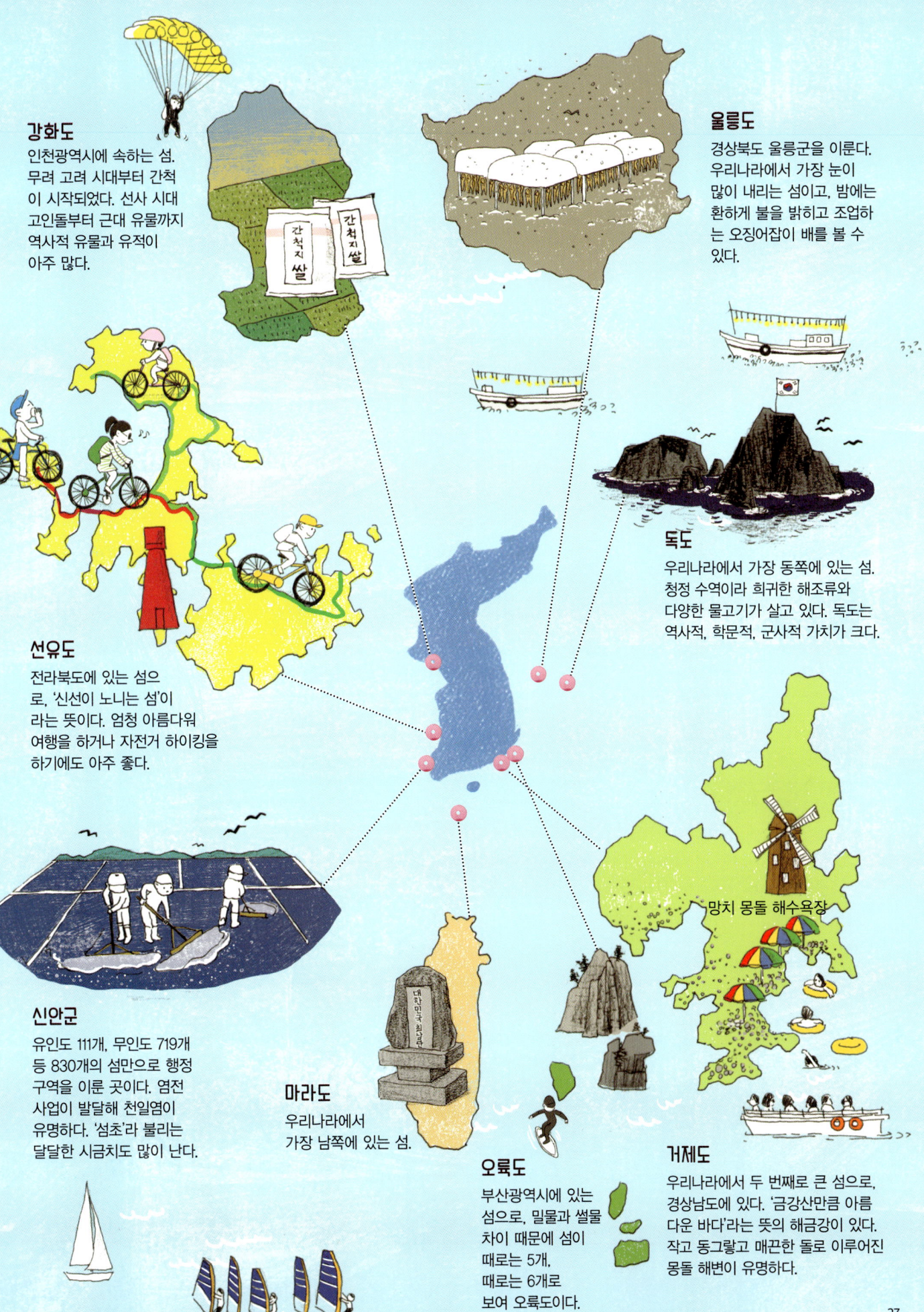

까치 까치 설날, 보름 보름 추석

어린이날, 크리스마스가 즐거운 날인 것처럼 옛날에는 명절이 즐거웠어요. 우리나라의 명절은 설날(음력 1월 1일), 삼짇날(음력 3월 3일), 단오(음력 5월 5일), 칠석(음력 7월 7일), 추석(음력 8월 15일) 등이에요. 계절마다 뜻깊은 날을 정해 농촌에서는 풍년을 빌었어요. 날짜를 보니 우리 민족은 홀수가 겹치는 날과 보름달이 뜰 때를 좋아했나 봐요. 지금도 설과 추석에는 한복을 입고, 맛있는 음식을 차려 조상에게 감사 인사(제사)를 드리죠. 윷놀이, 그네뛰기, 강강술래 등 여러 가지 놀이도 즐겨요.

송편
추석 때 주로 빚어 먹는 떡.

그네뛰기
단오에 남자들이 씨름을 한다면, 여자들은 나무에 줄을 묶어 그네뛰기를 했다.

"여자들이 주로 해."

"모 나와라, 모!"

차례
조상을 기리고 복을 기원하기 위해 명절에 지내는 제사. 주로 설과 추석에 지낸다.

윷놀이
정월 초하루에서 보름까지 주로 했던 민속놀이. 남녀노소 누구나 즐길 수 있다.

팥죽
한 해 가운데 밤이 가장 긴 동짓날 먹는 음식. 귀신이 싫어하는 붉은색 팥으로 죽을 쑤어 귀신을 쫓았다고 한다.

차전놀이
정월 대보름날 하는 민속놀이. 안동 차전놀이는 우리 나라 중요 무형 문화재로 지정되었다.

"동채를 빼앗자!"

벚꽃

봄
우리나라의 봄은 가장 건조한 계절이고, 꽃샘추위가 찾아와 깜짝 놀라게 추운 날도 있다. 하지만 사방팔방 꽃이 활짝 펴 온 세상이 아름답다. 요즘에는 꽃가루가 날리거나 중국과 몽골에서 황사가 불어와 특히 건강에 신경 써야 하는 계절이 되었다.

황사

여름 장마

아름다운 사계절 봄, 여름, 가을, 겨울

따뜻한 봄, 예쁜 꽃이 잎을 틔우고, 나무에는 연둣빛 새잎이 돋아나요. 하지만 황사와 꽃샘추위는 싫어요. 더운 여름, 뜨거운 햇살과 시원한 비가 세상을 초록빛으로 만들어요. 하지만 장마와 태풍이 오면 놀이터에 못 가죠. 시원한 가을, 산에는 단풍이 붉게 물들고, 들에는 곡식이 누렇게 익어요. 추운 겨울에는 흰 눈이 펑펑 내리고, 눈썰매, 눈싸움에 신이 나요. 더 놀고 싶은데 얼음 같은 찬바람이 심술을 부리기도 하죠.

가을
우리나라의 가을은 건조하고 시원한 공기가 불어와 쾌청한 날씨에 하늘이 높고 맑은 날이 많다. 뜨거운 햇살과 맑은 공기에 곡식과 과일이 풍성하게 익고, 알록달록 아름다운 단풍이 들어 주변 산, 들, 숲이 참 예쁜 계절이다.

봄

봄나물

여름

우리나라의 뿌리, 시골

벼농사를 많이 지어 곡식을 주는 농촌, 산나물과 약초, 우유와 고기를 주는 산지촌, 물고기와 해산물을 주는 어촌은 모두 시골이에요. 시골은 아낌없이 주는 나무예요. 일할 사람과 먹거리를 도시로 보내 주고, 그루터기처럼 도시인들의 쉼터가 되어 주죠. 그런데 지금은 시골이 힘들어요. 시골에는 일할 사람이 부족하고, 외국의 값싼 농산물이 시장을 빼앗고 있어요. 옛날에는 10명 중에 9명이 시골에 살았는데, 지금은 10명 중 1명만 시골에 살아요. 시골을 어떻게 해야 살릴 수 있을까요?

창덕궁
서울에 있는 조선 궁궐이다. 광해군 때부터 경복궁이 다시 지어진 고종 때까지 왕들이 이곳에서 일을 보았다. 비교적 본래 형태로 남아 있어 중요한 문화유산이다.

고인돌
기원전 2000~3000년 무렵의 장례 의식을 생생히 보여 주는 유적이다. 우리나라 곳곳에 꽤 많은 고인돌이 남아 있다.

첨성대
신라 선덕 여왕 때 세워진 첨성대는 동양에서 가장 오래된 천문대이다. 그 시대의 과학 수준이 얼마나 높았는지 알 수 있다.

석유는 거의 나지 않아!

한글
우리의 위대한 유산이다. 굉장히 과학적이고 치밀한 원리로 만들어졌다.

팔만대장경
해인사의 장경판전은 대장경을 썩거나 상하지 않게 보관하려고 나무 구조, 창문 구조 등을 정밀하게 계산하여 만든 과학적인 건축물이다. 유네스코 세계 문화유산으로 지정되어 있다.

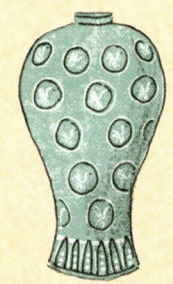

고려청자
고려 시대에 만들어진 도자기로, 푸른 옥빛을 띠어 청자라고 한다. 너무 귀해서 귀족들만 가질 수 있었다.

부족한 자원, 풍족한 자원

땅속과 산에는 석유, 석탄, 철광석, 석회암 등이 있어요. 우리나라는 이런 자원이 부족해요. 석유는 거의 나지 않고, 고령토, 석회암 등을 빼고는 모두 적어요. 에너지를 아껴 써야 하는 이유를 알겠죠! 그렇지만 풍부한 자원이 있어요. 공부로 얻은 기술 자원이 풍부해서 옷, 텔레비전, 컴퓨터는 세계에서 가장 잘 만들죠. 그리고 종묘, 첨성대, 한글, 태극무늬 등 조상이 남겨 준 문화 자원을 세계에 자랑해요.

성덕 대왕 신종(에밀레종)

1200여 년 전에 27톤이나 나가는 엄청나게 큰 종을 만든 것도 대단한 일이지만 그 종이 아직까지 남아 있다는 것은 당시 신라의 금속 기술이 매우 뛰어났다는 것을 말해 준다.

판소리

소리꾼과 고수가 몸짓과 노래를 섞어 엮어 나가는 우리 고유의 극적 노래이다. 우리나라 중요 무형 문화재이며, 그 독창성과 우수성을 전 세계에서 인정받아 유네스코 세계 무형 유산으로 지정되었다.

안압지

경상북도 경주에 있는 신라 때 연못이다. 삼국 통일 뒤에 만들었다.

측우기

조선 세종 때 만들어져 강우량을 측정하는 데 쓰였다. 강우량을 관측하는 기구로는 세계 최초이다.

고령토
우리나라에서는 도자기, 화장품의 원료인 고령토가 많이 난다.

조상의 혼을 담아 도자기를 빚지.

석회암
3000년을 쓸 수 있을 만큼 많이 있다. 석회암이 풍부한 지역에는 시멘트 공장이 있다.

석탄
석탄(무연탄)은 우리나라에서 많이 나는 몇 안 되는 지하자원 가운데 하나였는데, 연탄 이용이 줄면서 지금은 그 가치가 많이 떨어졌다.

다양하고 풍성한 먹거리

우리나라에는 사계절과 산, 들, 강, 바다가 있어요. 그래서 세계 어떤 나라보다도 음식 재료가 다양하죠. 우리나라 사람은 쌀이나 보리로 만든 밥을 주식으로 먹고, 여러 재료로 만든 국과 반찬을 곁들여 먹어요. 우리나라는 세계에서 숟가락을 가장 많이 쓰는 나라인데 이는 밥과 국 때문이에요. 우리나라의 김치, 불고기, 비빔밥, 삼계탕, 떡볶이는 이미 세계에서 유명해요. 이 밖에도 만두, 찜, 나물, 구이 등 생각만 해도 군침이 도는 한국 음식이 많아요.

처마 밑 저장 먹거리
시골집에 가 보면, 처마 밑에 메주, 옥수수, 마늘 등이 걸려 있다. 처마 밑에 걸어 말리고 저장해 두었다가 겨울철에 음식 재료로 쓴다.

비빔밥
밥 위에 나물과 고기를 얹어서 비벼 먹는 밥. 각종 비빔밥이 있지만, 전주비빔밥이 유명하다.

만두
밀가루를 반죽하여 밀어서 만두피를 만들고, 호박, 숙주, 쇠고기 등으로 만든 소를 넣고 빚는다.

홍어
삭힌 홍어는 본디 임금님에게 진상하던 귀한 음식이었다. 지금도 매우 비싼 음식이다. 전라도 지역에서 즐겨 먹는다.

묵
우리나라에만 있는 고유 음식. 곡식이나 열매의 녹말을 풀처럼 쑤어 굳힌다.

배추김치

인절미
《주례》라는 책에 인절미가 가장 오래된 떡이라고 기록되어 있다.

냉면
북한 지역에서 많이 먹었다. 옛 궁중 잔칫상에도 올랐다. 지금은 여름철에 많이 찾는 시원한 음식.

알타리김치

김치
우리나라 대표 반찬! 배추, 무 등을 절여서 발효시킨 저장 음식이다. 김장, 백김치, 오이소박이, 겉절이, 파김치, 부추김치, 물김치, 동치미 등 그 종류가 많다.

편육
쇠고기나 돼지고기를 덩어리째 삶아 눌러 두었다가 얇게 썰어 먹는 음식. 새우젓을 찍어 먹으면 일품!

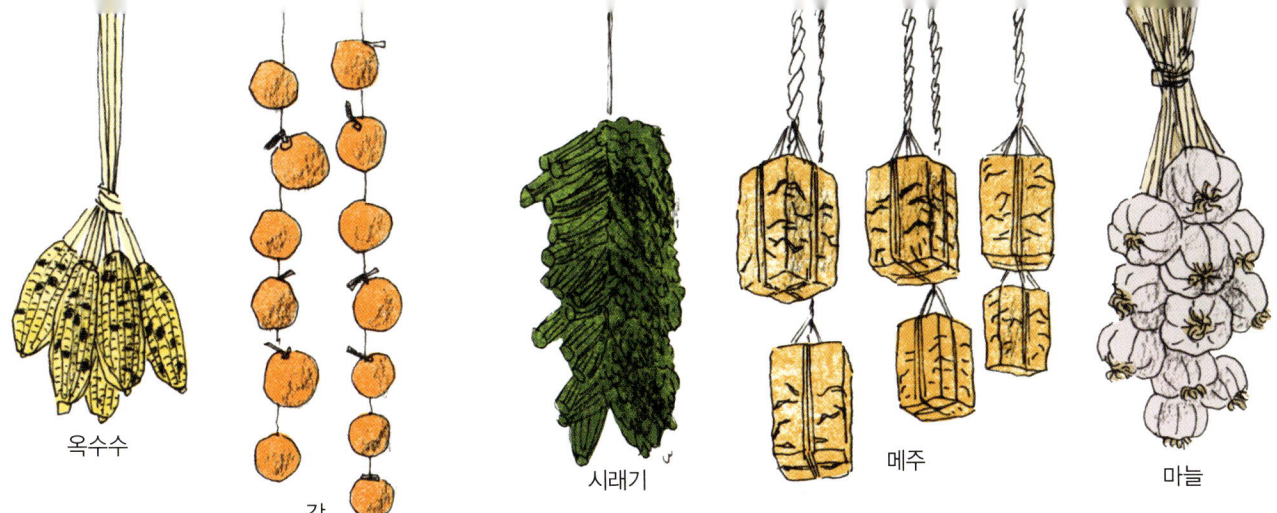

옥수수   감   시래기   메주   마늘

삼계탕
닭과 인삼을 넣어 만들어 삼계탕이라고 부른다. 여름철 대표적인 보양 음식이고, 요즘 외국인들에게 인기가 엄청 높다.

한과
우리나라 고유의 전통 과자이다. 일상에서도 먹었지만 생일 등 잔치 때 필수.

나물
고사리, 고비, 도라지, 고춧잎, 시래기 등에 참기름과 깨소금을 넉넉히 넣고 볶거나 무쳐 먹는 반찬.

젓갈
생선이나 조갯살, 알, 창자 등을 소금에 짜게 절여 발효시킨 음식으로, 삼국 시대부터 먹었다.

떡볶이
전통 떡볶이는 떡, 양념한 쇠고기, 각종 채소를 함께 볶아 먹는다. 지금은 고추장 양념을 해서 남녀노소 즐겨 먹는 간식이 되었다.

전
생선, 고기, 채소 따위를 밀가루와 달걀물을 묻혀 지져 만든다. 고추전, 깻잎전, 호박전, 생선전 등 종류가 다양하다.

잡채
채소, 고기, 버섯 등 여러 가지 재료를 볶아 무친 음식.

장아찌
마늘, 마늘종, 깻잎, 무, 오이, 더덕 등을 간장, 고추장, 된장, 식초 등에 넣어 오래 두고 먹는 저장 반찬.

식혜
엿기름가루를 우려낸 물에 밥을 삭혀서 만든 우리 고유의 전통 음료이다.

떡
삼국 시대에도 떡을 먹었을 정도로 오래된 우리 음식이다. 잔치나 행사 때 필수!

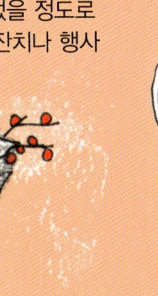

밥과 국
한국 사람은 밥심! 우리가 주로 먹는 음식은 보통 밥과 국, 그리고 반찬들이다. 국이 있어 숟가락을 많이 쓴다.

헉헉 찝찝, 환경 오염

우리 땅 곳곳이 아파요. 사탕을 많이 먹어 이가 썩은 것처럼 말이죠. 공장에서는 짙은 매연이, 도로의 자동차에서는 배기가스가 펑펑! 뿜어 나와요. 강과 바다도 도시에서 나오는 쓰레기로 여기저기 오염되었죠. 공기와 물이 오염되면서 곡식이 자라는 땅도 오염되었어요. 아! 정말 깨끗한 곳에서 상쾌하게 살고 싶어요.

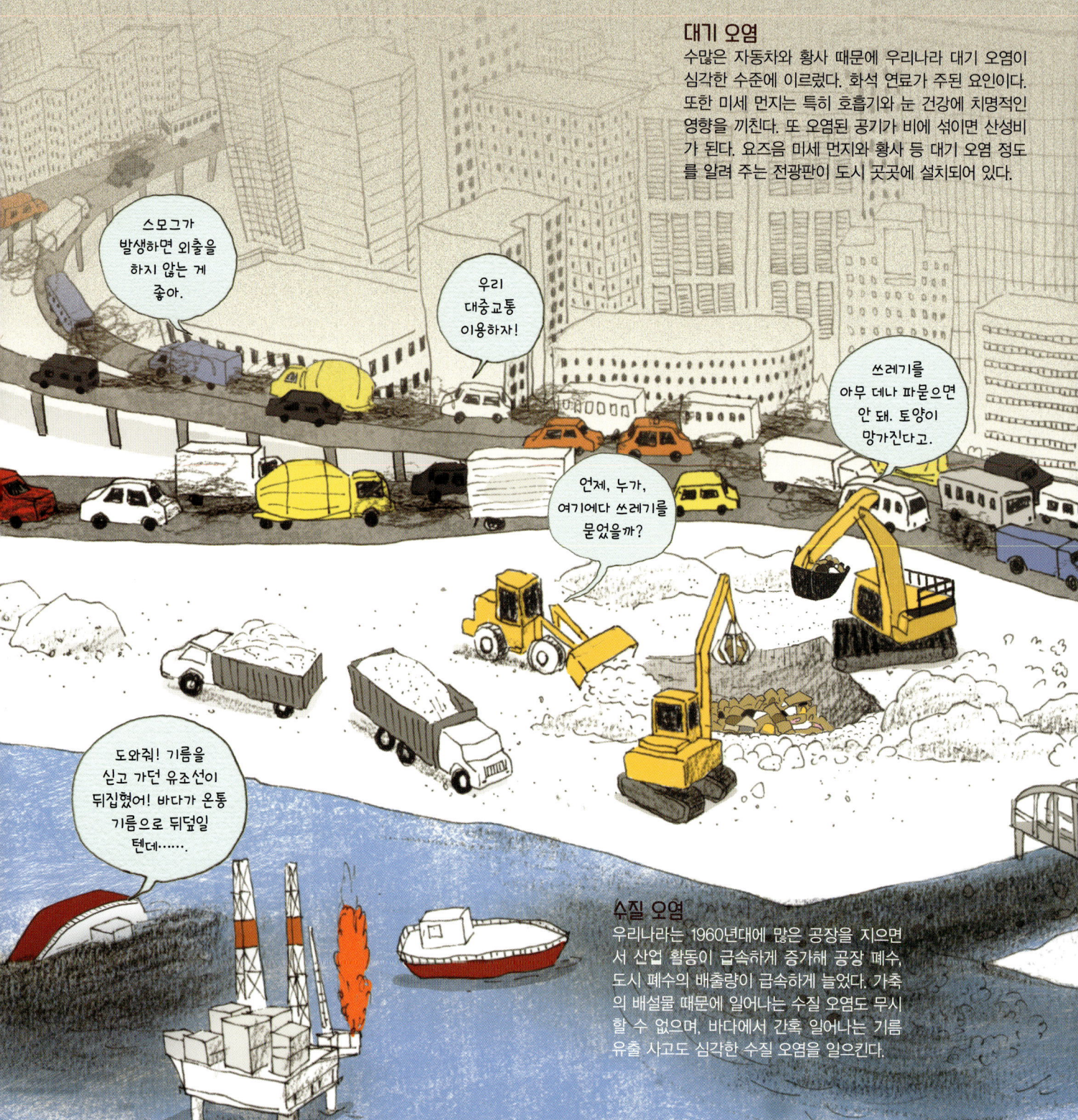

대기 오염
수많은 자동차와 황사 때문에 우리나라 대기 오염이 심각한 수준에 이르렀다. 화석 연료가 주된 요인이다. 또한 미세 먼지는 특히 호흡기와 눈 건강에 치명적인 영향을 끼친다. 또 오염된 공기가 비에 섞이면 산성비가 된다. 요즈음 미세 먼지와 황사 등 대기 오염 정도를 알려 주는 전광판이 도시 곳곳에 설치되어 있다.

수질 오염
우리나라는 1960년대에 많은 공장을 지으면서 산업 활동이 급속하게 증가해 공장 폐수, 도시 폐수의 배출량이 급속하게 늘었다. 가축의 배설물 때문에 일어나는 수질 오염도 무시할 수 없으며, 바다에서 간혹 일어나는 기름 유출 사고도 심각한 수질 오염을 일으킨다.

토양 오염

공장이나 가정 등에서 배출되는 폐수나 중금속, 쓰레기 등으로 땅도 오염된다. 최근 폐광에서 흘러나오는 물, 농장이나 목장에서 나오는 가축의 배설물, 골프장 등에서 사용하는 농약, 농사 짓는 데 사용하는 비닐까지 토양 오염의 주된 요인이 되고 있다.

스모그

대기 오염의 일종으로, 자동차와 공장 굴뚝에서 나오는 나쁜 물질들이 안개 모양의 기체를 이루어 도시에 머무는 현상이다. 1952년 영국 런던에서는 6일 동안 계속된 강한 스모그로 첫 3주 동안 4000명이 목숨을 잃고 그 뒤 8000명이 넘는 사람이 죽는 사건이 있었다.

점점점 늘어나는 외국인

우리나라에는 외국인이 많이 살아요. 세계에서 우리 영화와 노래가 인기를 얻고, 경제가 발전하면서 많은 외국인이 한국에 관심이 많아요. 외국인 약 160만 명 중 80만 명 이상이 서울과 경기도에 살아요. 많은 외국인이 돈을 벌기 위해, 또 결혼으로, 혹은 공부하러도 한국에 와요. 프랑스 인 마을, 중국인 마을, 베트남 거리 등 외국인이 모여 사는 마을로 가 볼까요?

우리나라 외국인 분포
우리나라로 들어오는 외국인 수는 꾸준하고 빠르게 증가하여 2014년 기준으로 약 160만 명이다.
일하러 들어온 외국인 근로자가 약 30퍼센트로 가장 비중이 높고, 결혼을 해서 들어오거나 외국 국적 동포들의 입국 비중이 그 뒤를 잇는다.

빠름! 빠름! 교통과 통신

옛날에는 주로 걸어 다녔지만 지금은 자동차, 기차, 비행기로 이동하죠. 우리나라 사람들은 도로(자동차)를 가장 많이 이용해요. 해외로 가는 화물은 바닷길(배)로, 해외여행은 하늘길(비행기)로 주로 다니죠. 교통만 좋아진 게 아니에요. 지금은 스마트폰을 이용해 미국의 친구와도 쉽게 대화할 수 있고, 인터넷을 이용해 물건도 사고팔고, 치료도 받고, 회의도 할 수 있어요. 교통과 통신의 발달로 또 어떤 변화가 있나요?

1992년에 올라간 우리별1호, 1995년 올라간 무궁화1호가 우리 **인공위성**이다. 주로 방송, 통신에 도움을 주고 있다.

비행기는 1922년, 여의도 공항에서 우리나라 최초 시범 비행을 했다. 1950년대 이후 항공 시대가 열리고, 1990년대 이후 일반인들의 항공 여행 시대가 열렸다.

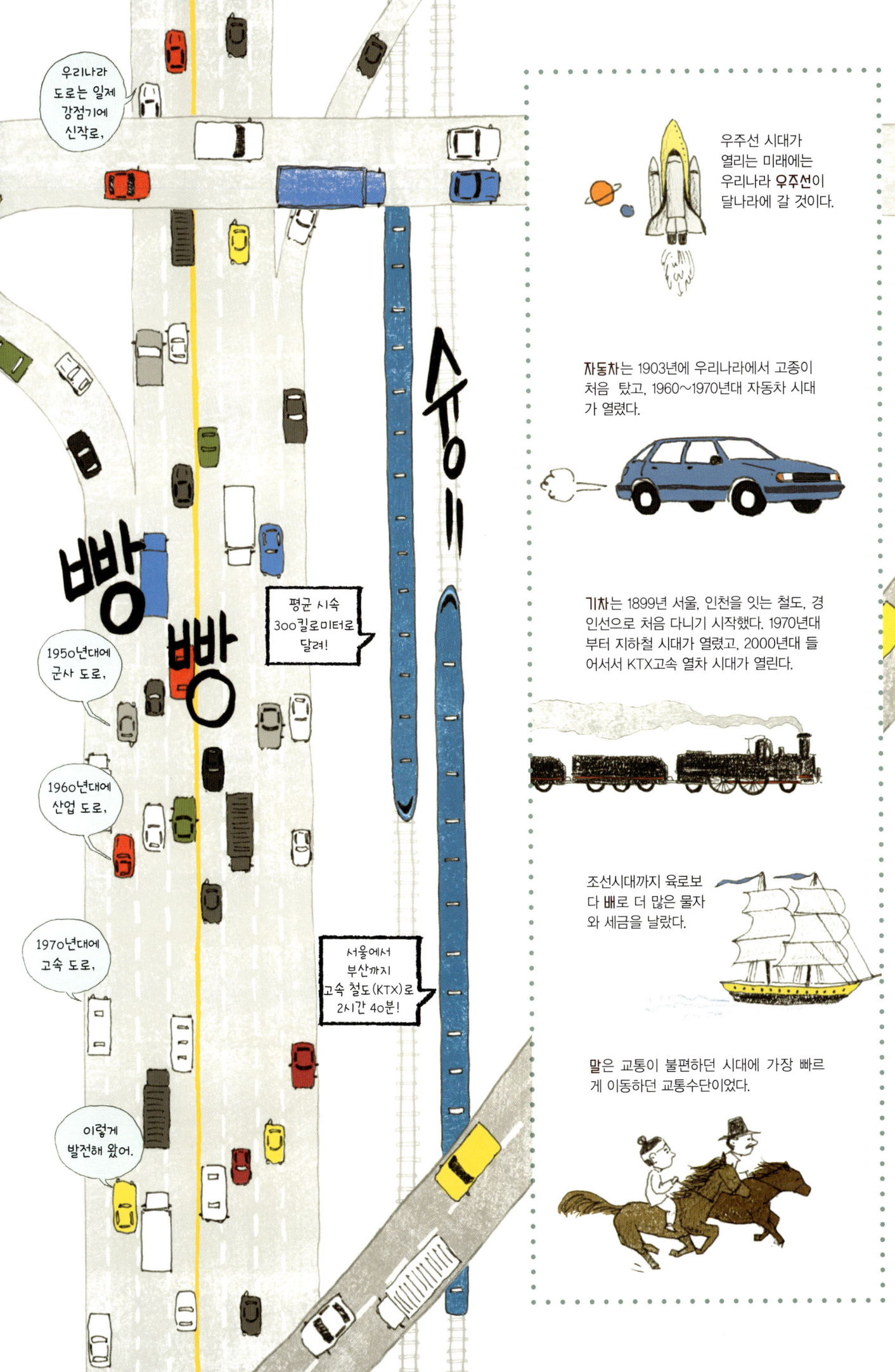

북적북적 인구

우리나라 인구는 약 5100만 명이에요. 인구 1000만 명이 안 되는 나라가 100개도 넘는 지구에서 우리나라 인구는 많은 편이죠. 우리나라 인구는 약 100년 전부터 빠르게 늘었어요. 너무 빨리 늘어서 '적게 낳기 운동'을 할 정도였어요. 그런데 지금은 인구가 줄까 봐 걱정이에요. 4명이 하던 교실 청소를 2명이 한다고 생각해 보세요. 어휴! 힘들어.

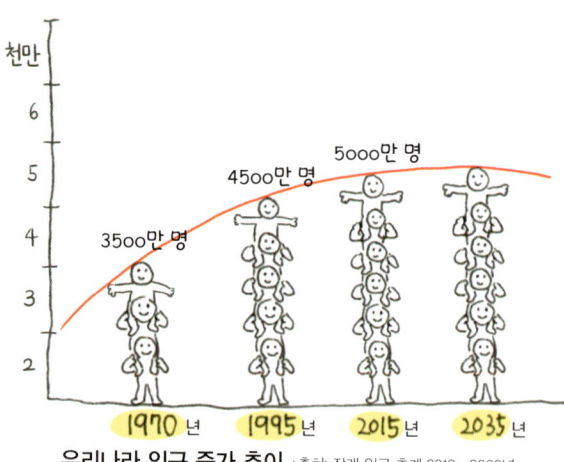

우리나라 인구 증가 추이 *출처: 장래 인구 추계 2010~2060년

1980년대

인구가 꾸준히 늘었다. 초등학생이 너무 많아서 오전반과 오후반으로 나누어 수업하기도 했다.

잘 키운 딸 하나 열 아들 안 부럽다

1990년대

남녀 성비 불균형도 큰 문제였다. 남자아이가 여자아이보다 훨씬 많아서 학교에 여자 짝꿍 없는 남자아이가 많았다.

아들 바람 부모세대 짝꿍없는 우리세대

1960년대

우리나라에 이런 표어가 등장했다. 인구가 급하게 늘었기 때문이다.

알맞게 낳아서 훌륭하게 키우자

1970년대

인구가 빠르게 늘자, 나라에서 아이를 적게 낳자는 운동을 했다. 한 집에 형제가 4~5명이 기본이었다.

딸 아들 구별 말고 둘만 낳아 잘 기르자

2010년대

출산율이 너무 떨어져서 큰 사회 문제가 되었다.

엄마 아빠 혼자는 싫어요

2060년대

미래에는 이런 일이 생길지도 모른다. 노인들이 군대를 가고, 빈집이 늘어날 수도…….

제발 한 명만이라도

독일
1960년대에 간호사와 광부를 합쳐 2만 명 정도가 독일(당시 서독)로 갔다. 당시 독일 사람들은 광부나 간호사 일이 너무 힘들다고 기피했기 때문이다.

"우린 1970년대에 독일에 와서 만났지."

"아메리칸드림을 꿈꾸며 미국으로 건너와 40년째 세탁소를 하고 있어."

미국
계약 이민이나 미군과의 결혼 등으로 1960년대에 미국으로 이민 간 사람들과 그 뒤에 아메리칸드림을 꿈꾸며 미국으로 건너간 사람들이다.

"한국에서 태어나 프랑스 가정에 입양되었지. 프랑스인 남편을 만나 여기서 살고 있어."

유럽
한국 전쟁 이후 유럽으로 입양된 아이들이 다수 있었다.

다른 땅, 우리나라 사람

우리나라에 중국 사람, 프랑스 사람이 살 듯, 다른 나라에도 우리나라 사람이 살아요. 무려 700만 명(2013년 기준)의 재외 동포가 세계 곳곳에 살고 있지요. 재외 동포는 그곳에서 멋진 일도 하고 큰 마을도 만들었어요. 미국의 로스앤젤레스 코리아타운, 일본의 오사카 코리아타운처럼 말이죠.

"우리 엄마의 할머니는 한국에서 오셨대. 그때는 억지로 끌려오셨다고 해. 난 아빠가 일본 사람이고, 지금은 일본 사람으로 살고 있어."

"난 조선족이야. 우리 할아버지가 가난을 피해 중국으로 오셨어. 지금은 연변 시장에서 만두를 팔고 있지."

"사업하러 베트남에 왔어. 가끔 가족을 만나러 한국에 가지."

중국
중국 만주 지역 이주민은 조선 말기부터 과다한 세금, 일제 식민지의 수탈, 흉년 등으로 인한 가난을 피하기 위해 이주했다. 그 후손이 현재의 조선족이다.

일본
일제 치하에서 징용, 징병 등으로 끌려간 사람들의 후손이 많다.

베트남
1964년 베트남 전쟁 당시 한국군 파병으로 인연을 맺었고, 2000년대 들어 우리나라 기업들이 많이 진출했다.

하와이
최초의 계약 이민이다. 1903년 1월 102명의 이민자들이 일본 나가사키에서 증기선을 타고 하와이 사탕수수 농장으로 출발했다.

> 우리 아버지는 사탕수수밭에서 죽도록 일만 했어.

> 아빠가 할아버지, 할머니 따라 칠레로 와서 꽃을 키웠대.

칠레
1970년대 화훼 재배 농가 다섯 세대가 처음으로 이주해 이후 의류 및 잡화 도·소매업, 무역, 인쇄, 수산 가공 등의 일을 하며 살고 있다.

오스트레일리아
1957년, 한국 전쟁 참전 오스트레일리아 군인과 결혼한 한국 여성이 대한민국 최초 오스트레일리아 시민권자이다. 1970년대 이후 이민 환경이 좋아지면서 투자 이민이 많아졌다.

> 교육과 환경이 좋다고 해서 우리 가족은 여기 오스트레일리아로 이민 와서 살고 있어.

재외동포 현황

- 유럽 346,150 (러시아 포함)
- 아시아 3,761,767 (중동 국가 포함)
- 북아메리카 2,337,677
- 아프리카 165,191 (호주, 뉴질랜드 포함)
- 남아메리카 94,336

북극해 / 태평양 / 대서양 / 인도양 / 남극해

*출처: 통계청(2009년 기준)/단위: 명

> 난 캐나다로 유학 와서 공부하고, 직장에 다니고 있어.

캐나다
1980년대 말 이후 취업, 유학 등의 목적으로 대거 이민을 갔다. 현재 약 25만 명(2009년 기준)이 살고 있다.

> 난 한국 전쟁이 끝나고 아르헨티나에 온 최초의 한국 사람이야.

아르헨티나
한국 전쟁 이후 1956년과 1957년 두 차례에 걸쳐 반공 포로 12명이 처음 이주했다.

> 우리 증조할아버지 사진이야. 일제 강점기 때 강제로 이주되었다고 해. 우린 스스로 '고려인'이라고 부르지.

우즈베키스탄과 카자흐스탄
1937년 가을, 소련은 조선인이 일본의 간첩이 될 수 있다는 이유와 중앙아시아 개발을 목적으로 연해주 일대에 고려인을 강제로 이주시켰다.

이러쿵 저러쿵 사회 문제

쓰레기 처리장이나 납골당, 장애인 시설 같은 것이 자기 마을에 들어서는 것을 심하게 반대하지 마세요. 누구나 쓰레기를 버리고, 죽고, 장애인이 될 수 있잖아요. 늘어나는 노인들을 어떻게 모셔야 할까요? 내가 바라는 대로가 아니라 노인들이 바라는 대로 모셔야겠죠! 외국인과 결혼한 다문화 가정의 친구들과 사이좋게 지내세요. 그들도 우리나라 사람이에요. 여러 사람이 모여 사니 의견도 다르고 여러 가지 사회 문제도 있지만 그런 문제들이 잘 해결되도록 머리를 맞대고 고민하며 기원해 봐요.

청년 실업

우리나라 지도를 펼쳐 볼까요?

지도에는 **남북한** 사이로
긴 휴전선이 그어져 있어요.

그래서 아직 양쪽 사람들이 서로 오갈 수가 없습니다.

통일이 되면
아름답고 평화로운 이 땅을
마음껏 여행해요.

지은이 조지욱

현재 부천의 고등학교에서 지리를 가르치고 있습니다. 『우리 땅 기차 여행』, 『서로 달라 재미있어!』, 『길이 학교다』, 『색깔 찾아 서울 가자!』, 『문학 속의 지리 이야기』 등을 썼습니다.

그린이 신지수

대학에서 서양화와 일러스트레이션을 공부했습니다. 『신통방통 플러스 동물 이야기』, 『맘대로 마을』, 『생물학 미리보기』, 『발이 더러운 왕』, 『책 읽는 강아지 몽몽』, 『세계와 반갑다고 안녕!』, 『어느 날 구두에게 생긴 일』 등에 그림을 그렸습니다.

백두에서 한라까지 우리나라 지도 여행

2015년 5월 7일 1판 1쇄
2022년 5월 31일 1판 8쇄

지은이 조지욱
그린이 신지수

편집 최일주, 이혜정
디자인 민트플라츠 송지연
교정 한지연
제작 박흥기
마케팅 이병규, 이민정, 최다은
홍보 조민희, 강효원
인쇄 코리아피앤피
제책 책다움

펴낸이 강맑실
펴낸곳 (주)사계절출판사
등록 제406-2003-034호
주소 (우)10881 경기도 파주시 회동길 252
전화 031)955-8588, 8558
전송 마케팅부 031)955-8595, 편집부 031)955-8596
홈페이지 www.sakyejul.net
전자우편 skj@sakyejul.com
블로그 blog.naver.com/skjmail
페이스북 facebook.com/sakyejulkid
인스타그램 instagram.com/sakyejulkid
트위터 twitter.com/sakyejul

ⓒ 조지욱, 신지수 2015

값은 뒤표지에 적혀 있습니다. 잘못 만든 책은 구입하신 서점에서 바꾸어 드립니다.
사계절출판사는 성장의 의미를 생각합니다. 사계절출판사는 독자 여러분의 의견에 늘 귀 기울이고 있습니다.
이 책은 저작권법에 따라 보호받는 저작물이므로 무단전재와 무단복제를 금합니다.

ISBN 978-89-5828-859-6 77910